Tikki Tikki Tembo

Versión de Arlene Mosel / Ilustrado por Blair Lent

Traducido por Liwayway Alonso

98 0853

LECTORUM
PUBLICATIONS, INC.
111 EIGHTH AVE., NEW YORK, NY 10011-5201

TIKKI TIKKI TEMBO

Spanish translation copyright © 1994 by Lectorum Publications, Inc.
Originally published in English under the title
TIKKI TIKKI TEMBO
Copyright © 1968 by Arlene Mosel
Illustrations Copyright © 1968 by Blair Lent, Jr.

This edition published by arrangement with the original Publisher
Henry Holt and Company, Inc.

ISBN 1-880507-13-7

Printed in the United States of America

10 9 8 7 6 5 4 3 2

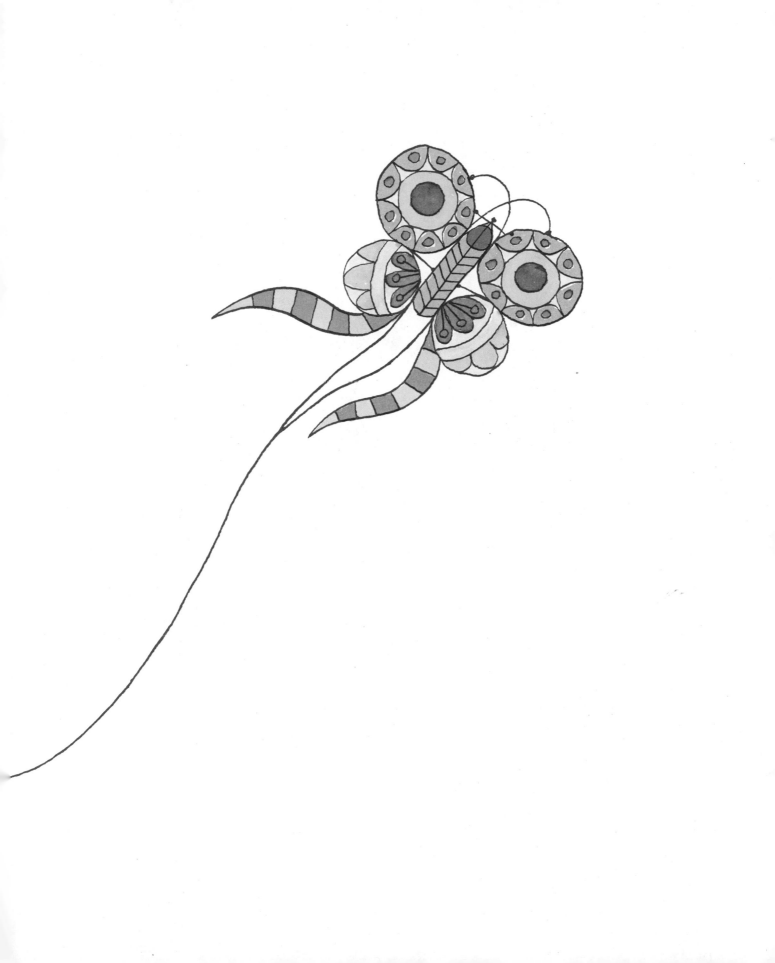

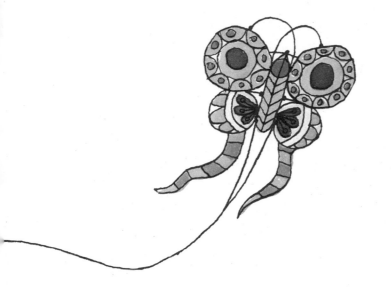

Hace muchos, muchísimos años, todos los padres y las madres de China tenían por costumbre poner nombres largos y complicados a sus honorables hijos primogénitos. Pero a los hijos menores casi no les daban ningún nombre.

En un pueblecito de la montaña vivía una madre que tenía dos hijos pequeños. Al segundo hijo le llamaba Chang, que significaba "poquita cosa". Pero a su honorable hijo primogénito le llamaba Tikki tikki tembo-no sa rembo-chari bari ruchi-pip peri pembo, que significaba "el tesoro más maravilloso de todo el ancho mundo".

Todas las mañanas, la madre iba a lavar al pequeño arroyo que había cerca de la casa. Los dos niños iban siempre con ella, charlando sin parar. Junto a la orilla del arroyo había un viejo pozo.

—No se acerquen al pozo —les advertía la madre— porque se van a caer dentro.

Los niños no siempre obedecían a su madre. Un día estaban jugando junto al pozo, caminando sobre éste, cuando, de repente, ¡Chang se cayó dentro!

Tikki tikki tembo-no sa rembo-chari bari ruchi-pip peri pembo corrió tan rápido como le permitieron sus cortas piernas hasta donde estaba su madre y le dijo:

—¡Honorable Madre, Chang se ha caído al pozo!

—El ruido del agua no me deja oírte, "Florecilla mía"—dijo la madre.

Entonces, Tikki tikki tembo-no sa rembo-chari bari ruchi-pip peri pembo levantó la voz y gritó:

—¡Ay, La Más Honorable, Chang se ha caído al pozo!

—¡Ese niño revoltoso!—exclamó la madre—. Corre a buscar al Anciano Señor de la Escalera para que lo saque de allí.

Entonces, Tikki tikki tembo-no sa rembo-chari bari ruchipip peri pembo corrió tan rápido como le permitieron sus cortas piernas hasta donde estaba el Anciano Señor de la Escalera y le dijo:

—Anciano Señor de la Escalera, Chang se ha caído al pozo. ¿Puede venir a sacarlo?

—Así que . . . Chang se ha caído al pozo—dijo el Anciano Señor de la Escalera.

Y corrió tan rápido como le permitieron sus viejas piernas.
Peldaño a peldaño, descendió al pozo, tomó en brazos al
pequeño Chang y, peldaño a peldaño, lo sacó del pozo.

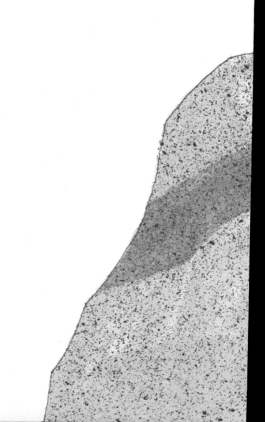

Le hizo expulsar el agua que había tragado y sopló aire en sus pulmones una y otra vez . . . ¡y pronto Chang se encontró tan bien como siempre!

Durante varios meses, los niños no se acercaron al pozo.
Pero, después del Festival de la Octava Luna, corrieron hasta
el pozo para comer sus tortitas de arroz.

Comieron y jugaron junto al pozo y caminaron sobre éste
y . . . ¡Tikki tikki tembo-no sa rembo-chari bari ruchi-pip
peri pembo se cayó al pozo!

Chang corrió tan rápido como le permitieron sus cortas piernas hasta donde estaba su madre y le dijo:

—¡Honorable Madre, Tikki tikki tembo-no sa rembo-chari bari ruchi-pip peri pembo se ha caído al pozo!

El ruido del agua no me deja oírte, "poquita cosa"—dijo la madre.

Entonces, Chang respiró hondo y gritó:

—¡Ay, Madre, La Más Honorable, Tikki tikki tembo-no sa rembo-chari bari ruchi-pip peri pembo se ha caído al pozo!

—¡Qué niño tan fastidioso! ¿Qué intentas decirme?—le preguntó su madre.

—¡Honorable Madre,

Chari bari

rembo

tikki tikki

—Chang hizo una pausa—

pip pip

se ha caído al pozo!

—Hijo infortunado, sin duda los malos espíritus han
embrujado tu lengua. Pronuncia con respeto el nombre
de tu hermano.

El pobrecito Chang se había quedado sin aliento de tanto pronunciar aquel nombre tan largo y complicado y pensó que no sería capaz de pronunciarlo una vez más. Pero, entonces, pensó en su hermano que estaba en el fondo del pozo.

Chang inclinó su cabecita casi hasta tocar la arena, tomó aliento y . . . despacio, muy despacio, repitió:

—Honorabilísima Madre, Tikki tikki-tembo-no-sa-rembo-chari bari ruchi-pip-peri pembo está en el fondo del pozo.

—¡Ay, no, no mi honorable primogénito! ¡El heredero de todo cuanto poseo! Corre, deprisa, y dile al Anciano Señor de la Escalera que tu hermano se ha caído al pozo.

Entonces, Chang corrió tan rápido como le permitieron sus cortas piernas hasta donde estaba el Anciano Señor de la Escalera, que reposaba en silencio, bajo un árbol, y le dijo:

—¡Anciano Señor, Anciano Señor! —gritó Chang—. ¡Venga enseguida! ¡Tikki tikki tembo-no sa rembo-chari bari ruchi-pip peri pembo se ha caído al pozo de piedra!

Pero no recibió respuesta. El niño esperó sin saber qué hacer. Entonces, con el último aliento que le quedaba, gritó:

—Anciano Señor de la Escalera, Tikki tikki tembo-no sa rembo chari bari ruchi-pip peri pembo está en el fondo del pozo.

—¡Niño atrevido! Has interrumpido mi sueño. Flotaba sobre una nube de color púrpura, cuando volví a encontrar mi juventud. Allí había puertas deslumbrantes y flores hechas de piedras preciosas. Si cierro enseguida los ojos, quizá pueda regresar de nuevo.

El pobre Chang estaba aterrorizado. ¿Cómo podría repetir otra vez aquel nombre tan largo y complicado?

—Por favor, Anciano Señor de la Escalera, por favor, ayude a mi hermano a salir del frío pozo.

—Así que . . . la "Preciosa Perla" de tu madre se ha caído al pozo.

El Anciano Señor de la Escalera corrió tan rápido como le permitieron sus viejas piernas. Peldaño a peldaño descendió al pozo, y peldaño a peldaño salió del pozo con el niño en brazos. Le hizo expulsar el agua que había tragado y sopló aire en sus pulmones una y otra vez . . .

Pero el pequeño Tikki tikki tembo-no sa rembo-chari bari
ruchi-pip peri pembo había estado tanto tiempo en el agua,
por culpa de su largo y complicado nombre, que pasaron
muchas lunas antes de que se recuperase por completo.

Y desde entonces, hasta nuestros días, los chinos piensan
que es más prudente poner a todos sus hijos nombres
sencillos y cortos, en vez de nombres largos y complicados.